Guten Morgen!

Morgenkreisspiele für die Krippe

Neue Ideen
für jeden Tag

Praxisreihe
Kindergarten

Inhaltsverzeichnis

4 Einleitung

7 Morgenkreisideen für die Frühlings- & Osterzeit

8 Fingerspiel: Fünf kleine Blüten
9 Begrüßungslied: Hi, hallo!
10 Ostergeschichte: Als der Hase Hans stürzte
12 Aufpassspiel: Der Vogel und der Wurm
13 Osterhasentanzlied: Hoppel, hoppel, kleiner Has'
14 Handspiel: Die müde kleine Raupe
16 Mini-Klanggeschichte: Marienkäfer im Wind
17 Streichelspiel: Blütenblatt
18 Mitmachlied: Alle meine Blumen
19 Ritual: Wettersteinchen
20 Snack-Idee: Erdbeer-Tiramisu
21 Aufwach- und Mitturnlied: Kleiner Käfer
22 Fingerfood: Frühlingsmuffins

23 Morgenkreisideen im Sommer

24 Spielidee: Sommerfühlsäckchen
25 Kitzelspiel: Kleine Fliege
26 Fingerspiel: Fünf kleine Pusteblumen
27 Bewegungsgeschichte: Puuusteblume
28 Eincreme-Vers: Sonnenmilch-Reim
29 Wasserexperiment: Zauberblüten
30 Gedicht: Schlemmer-Gedichtchen
31 Fotoschachtel: Guck mal, wer heute so da ist!
32 Mitmachgedicht: Bienen summen
33 Schubs-weg-Fingerspiel: Fünf Bienen
34 Tanzspiel: Es regnet, es regnet!
35 Fangspiel: Kometenfangen
36 Erdbeerbutter: Snacken im Sommer

INHALT

37 Morgenkreisideen für den Herbst

38 Spiellied: Kastanie, Kastanie
39 Kreisspiel: Wer hat die Nuss?
40 Freispiel: Zapfenfalle
41 Fingerspiel: Fünf kleine Zapfenwichtel
42 Mitmachgedicht: Raschel, raschel, kleine Schnecke
43 Streichel -und Piksgedicht: Kleiner Igel Willibald
44 Aufpassgedicht: Der kleine Igel und der Herbst
45 Herbstsortieren: Sportierspiele mit Alltags- und Naturmaterialien
46 Keine-Angst-Spiel: Gespensterwerfen
47 Zauberspruch: Kleine Laterne
48 Kreisspiel: Wo ist der Drachen?
49 Mitmachgedicht: Mein Drachen
50 Miniklanggeschichte: Apfelernte
52 Snack-Idee: Apfel-Brotstangen

53 Morgenkreisideen für Advent & Winter

54 Kitzelspiel: Mit Sack und Pack
55 Freu-dich-Liedchen: Ach, du lieber Weihnachtsmann!
56 Einmachglasdeckel-Spiel: Klipper-klapper
57 Sortierspiel: Mit Hand und Fuß
58 Kniereiter: Schlittenfahrt
59 Massage- und Streichelanregung: Streichelkiste
60 Wickel- oder Streichelvers: Die kleine Schneeflocke
61 Fingerspiel: Fünf kleine Schneeflocken
62 Snack-Idee: Lebkuchen für Kleinstkinder
63 Rezept: Lebkuchengewürz selbst gemischt

Morgenkreisideen

Der Krippenkinder-Morgenkreis

Das Zusammenfinden in einem Kreis als Ritual ist keine neue Erfindung, sondern eine uralte Tradition. Ihr Sing- und Mitmachkreis ist auch nicht an eine Tages- oder Uhrzeit gebunden und benötigt kein „Programm". Gemeinsames Singen oder Spielen im Kreis kommt natürlich ohne Teilnahmezwang aus. Und trotzdem ist das Begrüßen und Spielen im Kreis wichtig: Gemeinsamkeit zu erleben, sich freundlich oder höflich zu begrüßen und sich wahrzunehmen – das gehört zu einem wertschätzenden Umgang einfach dazu. Auch und gerade in der Krabbelkindergruppe.

Sich wahrnehmen und wertschätzen

Jede Begrüßung ist ein Zeichen von Wertschätzung

Natürlich benötigen Sie nicht unbedingt einen Morgenkreis, um ein Klima des Sich-Schätzens und Wahrnehmens in Ihrer Kita oder in der Gruppe zu fördern. Sich begrüßen und sich gegenseitig Guten Morgen wünschen, bemerken, ob ein Kind in der Gruppe fehlt: Das tun viele Kinder von sich aus. Viele Kinder sind schon in sehr jungem Alter dazu in der Lage, ihr Umfeld genau wahrzunehmen. Sie bemerken gute und schlechte Stimmung, sie fragen nach, wenn ein Kind krank ist und heute nicht in die Kita kommt. Nicht in allen Familien wird jedoch ein wertschätzender Umgang miteinander vorgelebt. Gerade für Kinder aus diesen Familien ist das rituelle Begrüßen vielleicht ein wichtiger Moment im Tagesablauf. Dabei steht nicht das verordnete Hallo-Sagen im Vordergrund, sondern die Erfahrung, dass jedes Kind einzeln wahrgenommen wird.

Die Entscheidung für oder gegen einen Morgenkreis sollten Sie nicht nur von Ihrem Tagesplan abhängig machen. Eine solche Entscheidung kann Teil Ihres pädagogischen Konzeptes sein. Vielleicht möchten Sie das wertschätzende Begrüßen in Form eines Morgenkreises als wichtigen Baustein im achtsamen Umgang miteinander in Ihrer Konzeption festschreiben. Ein Begrüßungskreis kann nur

Begrüßungsformeln und -rituale

Wie begrüßen sich die älteren Kinder in Ihrer Gruppe: Mit einem Peace-Zeichen? Mit einem Hallo oder Hi? Winken die Krippenkinder sich zu? Umarmen sich Freunde? Wie sagen Sie Ihrer Kollegin Guten Morgen? Blinzeln Sie sich zu, umarmen Sie sich oder nicken Sie nur knapp, geben Sie sich die Hand? Schon vor Urzeiten etablierte sich das rituelle Begrüßen: Dazu gehören bei Weitem nicht nur Grußworte, sondern auch Gesten oder eine spezielle Mimik. Das Begrüßen sagt viel über uns aus, beispielsweise über Hierarchien in Unternehmen (oder Ihrer Kita), über Sympathie und Antipathie, über Nähe und Distanz. Beobachten Sie doch einmal Kolleginnen, sich selbst und die Kinder. Auch interessant: Wie begrüßen sich Soldaten, Lokführer, Motorradfahrer? Wie begrüßen sich Menschen in anderen Ländern?

fünf Minuten dauern und trotzdem den Zweck erfüllen, dass sich alle Kinder wahrgenommen und willkommen fühlen und gleichzeitig dieses Gefühl auch weiter in die Gruppe tragen.

So fühle ich mich heute

Launen, Jahreszeiten und das Wetter

Heute hatten Sie eigentlich geplant, den Morgenkreis nach draußen zu verlegen und danach mit den Kindern im Wald zu picknicken. Stattdessen regnet und stürmt es und an Rausgehen ist nicht zu denken. Wie nehmen die Krippenkinder das wahr? Reagieren manche möglicherweise mit Wut oder Trotz, was entwicklungs- und altersspezifisch nicht ungewöhnlich wäre? Gerade jetzt ist es für alle wichtig zu verstehen, warum der geplante Ausflug nicht stattfinden kann. Der Morgenkreis bietet die Chance, Stimmungen oder schlechte Laune aufzufangen und zu kanalisieren. Nebenbei ist ein Gespräch über das Wetter viel mehr als eine unnötige Floskel. Für Krippenkinder bedeutet das Wettergespräch, sich in der Welt, in der sie leben, sicher zu fühlen und auszukennen: zu wissen, warum heute die ungeliebte Matschhose angezogen werden sollte, und zu verstehen, warum Sonnenmilch im Gesicht sich zwar nicht so schön anfühlt, aber wichtig ist. Auch jüngere Kinder können solche Zusammenhänge schon verstehen. An dieser Stelle ist der Morgenkreis ein wichtiger

Programmpunkt auf dem Tagesplan für die Kinder, um selbst mitbestimmen und den Tag gestalten zu können. In diesem Heft haben wir die Ideen für Ihren Morgenkreis nach Jahreszeiten geordnet, sodass Sie für jeden Tag im Jahr gerüstet sind.

Einfacher ist mehr

Oder: Warum der Morgenkreis keine Arbeit machen sollte

Jeden Tag das gleiche Fingerspiel, bis es Ihnen fast zu den Ohren herauskommt? Kinder, und gerade Kinder unter drei Jahren, lieben Wiederholungen. Darum kann Ihr Morgenkreis so aussehen, dass Sie ein ganz kurzes Lied singen und danach das ewig gleiche Fingerspiel machen. Dann können die Kinder, die das möchten, den Kreis verlassen, während die anderen noch ein Mitmachgedicht aufsagen oder den Tag besprechen. Für jüngere Kinder bieten immer gleiche Rituale und Wiederholungen den Vorteil, dass sie „sich auskennen", der Tagesablauf für sie vorhersehbar und berechenbar wird und sie sich als Meister ihrer Welt fühlen. Wenn die Kinder trotzdem so weit sind, dass sie ein anderes Lied oder Fingerspiel oder ein weiteres Kreisspiel kennenlernen möchten, dann haben Sie mit diesem Heft einen Ideenschatz zur Hand, den Sie jederzeit ohne Vorbereitung einsetzen können. Gestalten Sie Ihren Morgenkreis so, dass er Lust macht, anstatt zur langweiligen Pflichtübung zu werden. Dazu gehört, dass Sie sich nicht mit langwierigen oder schwierigen Liedern und Gedichten abmühen, die Sie mit den Kindern erst erlernen müssen. Picken Sie sich die Häppchen aus dem Heft heraus, die für Sie passen und die das Interesse der Kinder aufgreifen.

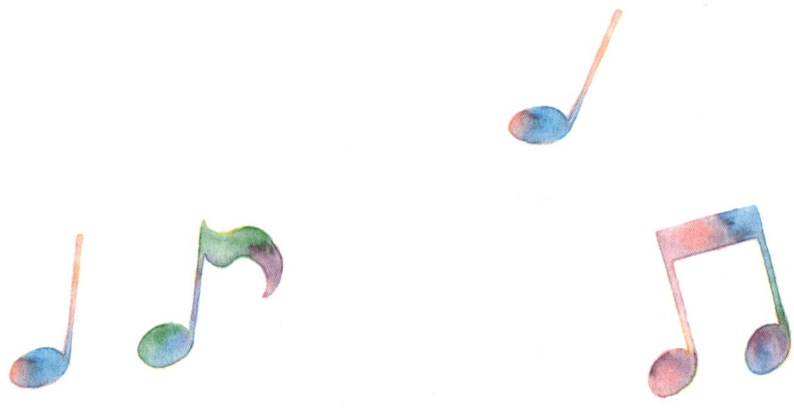

Morgenkreisideen für die Frühlings- & Osterzeit

Der Frühling ist die Jahreszeit, in der die Krippenkinder vielleicht zum ersten Mal bewusst die Natur wahrnehmen: Sie spüren warmen Wind, Krabbeltiere wie Marienkäfer oder Schmetterlinge, schmecken die ersten Erdbeeren und erfreuen sich am bunten Blütenmeer auf der Wiese. Lassen Sie den Kindern viel Zeit und Muße, um all diese neuen Eindrücke bewusst wahrzunehmen.

Im Folgenden finden Sie zur Ergänzung und Verarbeitung der Frühlingseindrücke Fingerspiele, Tanzlieder und Streichelspiele rund um Blüten, Vögel, Raupen und natürlich den Osterhasen.

Fünf kleine Blüten

Ein Fingerspiel zum Frühlingswetter

Ab 1 Jahr

Im Frühling ist das Wetter oft ziemlich wechselhaft. Empfinden Sie es mit den Kindern nach: Regen, Wind und Sonnenschein geben sich auch in diesem kurzen Fingerspiel die Hand.

Fünf kleine Blüten schwingen im Wind,
bewegen sich vor und zurück geschwind.

Da kommt eine Wolke mit Regen herein,
die Blüten ziehen die Köpfchen ein.

Doch dann kommt die Sonne wieder heraus,
die Blüten strecken die Köpfchen aus.

Und bald schon pustet der Wind von fern,
die fünf kleinen Blüten schwingen so gern.

Zur ersten Strophe die Finger einer Hand ausstrecken und damit wackeln, in der zweiten Strophe die Finger einziehen und die Hand zur Faust schließen. In der dritten Strophe die Hand langsam wieder öffnen. In der letzten Strophe sacht über die Finger pusten und wieder mit den Fingern wackeln.

Tipp

Beobachten Sie mit den Kindern doch einmal Gänseblümchen. Die kleinen Gewächse halten es ganz so wie im Fingerspiel oben: Bei schlechtem Wetter schließen sie ihre Blüten, bei Sonnenschein öffnen sie sie wieder.

Hi, hallo!

Ein Begrüßungslied zum Mitspielen

Bei diesem Lied werden alle Kinder im Kreis mit dem Namen begrüßt. Sie können das Lied zusätzlich dem Alter der Kinder anpassen und variieren. Bringen Sie einen Ball oder Luftballon mit hinein.

Ab 18 Monaten

Das brauchen Sie:

- **Nach Wunsch einen Ball oder einen Luftballon**

Singen Sie das Liedchen einfach zur Melodie von „Brüderlein, komm tanz mit mir" und flechten Sie den Namen des jeweiligen Kindes ein. Damit das Versmaß noch stimmt, können Sie Koseformen von Namen wählen oder einen Artikel vor den Namen setzen, beispielsweise „die Lara" oder „Sabine" oder „auch Leon". Begrüßen Sie auf diese Weise alle Kinder im Kreis und begrüßen Sie auch alle pädagogischen Fachkräfte und sich selbst mit. Jedes Kind, das angesungen wird, darf vielleicht aufstehen und winken oder ganz laut „Hallo!" rufen. Das legen Sie mit den Kindern individuell fest. Bei einem fehlenden Kind winken alle Kinder, und zwar mit der Hand und mit einem Fuß. Das sorgt für Lacher und hebt die Stimmung.

Heute ist die Lara da,
ach, das ist ja wunderbar.
Wir sind froh, hi, hallo,
heute ist die Lara da.

Heute ist auch Leon da,
ach, das ist ja wunderbar.
...

Für fehlende Kinder:
Name des Kindes ... ist heut' nicht da,
wir denken an sie / ihn, ist doch klar.
Senden dir einen Gruß,
winken dir mit Hand und Fuß.

Tipp

Zum Mitspielen können Sie den Ball in den Kreis legen. Das angesungene Kind bekommt den Ball zugerollt und darf ihn behalten, bis das nächste Kind an der Reihe ist. Ältere Kinder können das nächste Kind, das begrüßt werden soll, selbst bestimmen, indem sie ihm den Ball zurollen. Dann singen alle die nächste Strophe, indem sie den Namen dieses Kindes einflechten.

Als der Hase Hans stürzte

Eine Ostergeschichte zum Nachspielen

Ab 2 Jahren

In dieser Reimgeschichte hat es der Osterhase Hans ziemlich eilig. Und weil er so viel hetzt, passiert ihm ein Unglück. Die Kinder können die Geschichte als Bewegungsgeschichte mitspielen. Als kleine Überraschung dürfen sie am Ende der Geschichte vielleicht echte Ostereier suchen, die Sie vorher verstecken?

Hase Hans ist ganz spät dran,
schnell malt er noch Eier an.

das Eieranmalen pantomimisch nachstellen

Die Eier packt er in den Korb,
er muss jetzt wirklich ganz schnell fort.

Eier pantomimisch in einen Korb packen

Schnell geht er auf seinem Weg,
wandert über Stein und Steg.

auf der Stelle gehen / wandern

Schneller jetzt, die Kinder warten,
auf Eiersuche bald im Garten.

auf der Stelle laufen

Tipp

Als Stabtheater: Sie können die Geschichte auch für die Kinder als Stabtheater aufführen. Dazu fertigen Sie eine Hasenschablone an, die Sie auf einem Bastelstab befestigen. Als Eier können Sie Konfetti werfen.

Hans, pass auf, da liegt ein Stein,
lass das Rennen lieber sein.

stopp machen

Schwupps, padauz, da fällt er um,
die Eier kullern im Gras herum.

auf den Boden setzen oder das Hinfallen nachmachen

Der Hans, der weint, hat einen Schreck,
und die Eier? Die sind weg!

Hände vor das Gesicht halten wie beim Weinen

Der Hase klopft sich ab und ab,
blickt am Hasenkörper herab.

den Körper abklopfen

Stampft mit Pfoten auf und ab,
das war wirklich ganz schön knapp.

stampfen

Dann hebt der Hans die Eier auf,
nimmt ihn auf, den Hasenlauf.

wieder auf der Stelle laufen

Schwupp ist er weg, nun schau dich um,
vielleicht liegt noch ein Ei herum?

die Kinder dürfen die Eier suchen

Der Vogel und der Wurm

Ein Aufpassspiel zum Selbstbasteln

Ab 18 Monaten

Ganz schön spannend geht es bei diesem Aufpassspiel zu: Die Würmer müssen nämlich achtgeben, dass die Amsel Ida sie nicht erwischt. Ein Zwischendrinspaß für den Tisch oder Boden.

Das brauchen Sie

- **Etwas Knetmasse für jedes Kind**

Die Kinder rollen sich aus der Knetmasse bunte Würmer. Jedes Kind kann sich einen Wurm aussuchen, den es auf einem Tisch oder dem Boden kriechen lässt. Die pädagogische Fachkraft oder ein älteres Kind übernimmt die Rolle des Vogels. Als Vogel lässt es seine Hand über den Würmern schweben. Dazu sprechen alle den Vers. Bei „raus" versucht sich der Vogel einen Wurm zu schnappen. Allerdings sind die Würmer nicht dumm. Sie versuchen zur gleichen Zeit, beim Stichwort „raus" unter dem Tisch zu verschwinden.

Hm, wie lecker, Würmer im Boden,
die Amsel Ida guckt von oben.
„Einen schnapp ich, ich such ihn mir aus,
dann flieg ich herbei und zieh ihn mir … raus!"

Tipp

Ältere Kinder können das Spiel statt mit Knetwürmern auch mit Fruchtgummiwürmern spielen. Am Ende des Spiels darf dann vielleicht jedes Kind einmal Amsel Ida sein und seinen Wurm verspeisen.

Hoppel, hoppel, kleiner Has'

Ein Osterhasentanzlied

Ab 18 Monaten

Wegen der vielen Wiederholungen ist dieses Tanzlied ganz schnell gelernt. Wenn Sie es zur Melodie von „Funkel, funkel, kleiner Stern" singen, geht es noch schneller. Selbstverständlich können Sie sich auch eine eigene Melodie ausdenken. Zum Tanzen führen die Kinder einfach die in den Strophen erwähnten Bewegungen aus. Kinder, die noch nicht sicher stehen und gehen können, machen das Lied einfach im Sitzen mit. In der letzten Strophe kommen Sie mit den Kindern zur Ruhe, indem Sie langsamer und leiser singen und sich gemütlich hin und her wiegen.

Hoppel, hoppel, kleiner Has',
spring mit mir durchs grüne Gras.
Es ist Frühling, wunderschön,
lass uns doch nach draußen geh'n.
Hoppel, hoppel, kleiner Has',
spring mit mir durchs grüne Gras.

Dreh dich, dreh dich, kleiner Has',
tanz mit mir durchs grüne Gras.
Es ist Frühling, wunderschön,
lass uns doch nach draußen geh'n.
Dreh dich, dreh dich, kleiner Has',
tanz mit mir durchs grüne Gras.

Hock dich hin, du kleiner Has',
hock dich hin ins grüne Gras.
Es ist Frühling, wunderschön,
lass uns doch nach draußen geh'n.
Hock dich hin, du kleiner Has',
hock dich hin ins grüne Gras.

Stampf mit mir, du kleiner Has',
stampf mit mir durchs grüne Gras.
Es ist Frühling, wunderschön,
lass uns doch nach draußen geh'n.
Stampf mit mir, du kleiner Has',
stampf mit mir durchs grüne Gras.

Wieg dich leise, kleiner Has',
hin und her im grünen Gras.
Es ist Frühling …

Die müde kleine Raupe

Ein Handspiel mit Raupe und Schmetterling

Jetzt im Frühling können die Kinder vielleicht eine Raupe entdecken. Besonders gern lassen sich die kleinen Vielfraße unter Brennnesselblättern nieder. Dort verpuppen sie sich, um später als Schmetterling auszuschlüpfen. Dieses kleine Naturwunder stellt dieses Handspiel in einer längeren Variante für Kinder ab zwei Jahren und einer Kurzversion für die Einjährigen nach

Ab 2 Jahren

Uha, da gähnt die kleine Raupe sehr,
kriecht dahin und schleppt sich schwer.

die Hand wie ein Maul öffnen und schließen wie zum Gähnen

Lässt sich nieder unterm Blatt,
will nichts essen, ist schon satt.

mit der Hand unter den anderen Arm kriechen

Sie kuschelt sich gemütlich ein,
schau, da schlummert sie schon ein.

Hand unter den Unterarm halten

Die Sonne scheint, der Wind weht leise,
das Blättchen hebt und senkt sich leise.

pusten, Arme auf und ab bewegen

Der Regen tropft aufs Blatt herauf,
die kleine Raupe wacht nicht auf.

mit den Händen den Regen darstellen

Die Sonne scheint vom Himmel heiter,
die kleine Raupe schlummert weiter.

mit einer Hand die Sonne darstellen

Doch eines Tages, was ist das?
Im Raupendeckchen regt sich was.

Hand als Faust wieder unter dem Arm halten, mit der Faust wackeln

Zwei Fühler kommen raus und dann?
Ich frag mich, ob man's glauben kann:

Zeige- und Mittelfinger aus der Hand strecken

Ein Schmetterling schlüpft aus der Decke,
hat Flügel mit zwei bunten Ecken.

mit beiden Händen einen Schmetterling darstellen

Flattert davon in die Frühlingsluft,
flattert davon im Blütenduft.

Flatterbewegungen mit den Händen ausführen

Uha, da gähnt die kleine Raupe sehr,
kriecht unter ein Blättchen schwer.

die Hand wie ein Maul öffnen und schließen

Ab 1 Jahr

Kuschelt sich in Decken ein,
wird's das schon gewesen sein?

Hand unter den Unterarm oder die Achsel stecken

Nein, da regt sich was im Bettchen
unter dem Brennnesselblättchen.

mit den Fingern der Raupenhand wackeln

Zwei Fühler kommen raus, schau hin,
dann Augen, Köpfchen, Rüssel, Kinn.

zwei Finger als Fühler herausstrecken,
dann die Hand hervorholen

Ein Schmetterling schlüpft aus, wie schön,
schon flattert er weg, ist nicht mehr zu seh'n.

mit beiden Händen als Schmetterling
wegflattern

Marienkäfer im Wind

Eine Mini-Klanggeschichte

Ab 1 Jahr

Auch die Krippenkinder können Klanggeschichten umsetzen. Diese kleine Klanggeschichte ist so einfach, dass alle Kinder in der Gruppe mitmachen können. Dazu erhalten alle Kinder ein gleiches oder ähnliches Instrument.

Das brauchen Sie

- **Pro Kind ein Klanginstrument, beispielsweise eine Rassel**

Marienkäfer fliegen im Wind,
sie fliegen schnell,
sie fliegen geschwind.

heftig und laut rasseln

Langsamer fliegen die Käfer jetzt,
brummen ganz leise
auf ihrer Reise.

mit der Stimme immer leiser werden,
die Rasseln werden auch immer leiser

Jetzt landen die Käfer und ruhen aus,
verschnaufen,
schütteln die Flügel aus.

ganz still sein

Dann kommt ein Lüftchen und pustet sie weg,
die Käfer von ihrem Käferfleck,
huhuiiii!

ganz leise rasseln, pusten und dann
„huhuiii!“ rufen

Blütenblatt

Ein Streichelspiel, um die Körperteile zu wecken

Für Krippenkinder ist es wichtig und interessant, den eigenen Körper kennenzulernen. Dazu gehört auch, die Körperteile richtig benennen und sie am eigenen Körper finden zu können. Dieses kleine Streichel- und Kitzelspiel kann dabei helfen.

Ab 1 Jahr

Das brauchen Sie

- **Einen Korb**
- **Für jedes Kind eine Feder (ohne scharfe oder abstehende Kanten/Kiele), ersatzweise eine Blüte**

Dieses Spiel führen die Kinder an ihrem eigenen Körper aus. Dazu bekommt jedes Kind eine zarte Feder, die es zunächst in Ruhe untersuchen darf. Ermuntern Sie die Kinder, die Feder mit eigenen Worten (zart, weich, leicht) zu beschreiben. Wie fühlt sich die Feder auf der Haut an? Wenn die Kinder die Feder ausreichend kennengelernt haben, kann das Spiel losgehen. In einer Proberunde können Sie vor Beginn des Spiels die im Text erwähnten Körperteile gemeinsam benennen und am eigenen Körper zeigen.

Heute weht der Wind Blütenblätter von den Bäumen.

die Feder durch die Luft schwenken

Ein kleines Blütenblatt landet auf deiner Hand.

mit der Feder über die eigene Hand kitzeln

Der Wind weht es weiter, jetzt landet es auf deinem Fuß.

mit der Feder am Fuß kitzeln

Huiii, der Wind pustet das Blättchen jetzt auf dein Knie.

mit der Feder über das Knie streichen

Das Blättchen landet jetzt auf deinem Bauch.

mit der Feder über den Bauch streicheln

Jetzt fängt der Wind wieder mächtig an
zu pusten, das Blättchen wirbelt umher und
kitzelt dich unter dem Kinn.

mit der Feder unter dem Kinn kitzeln

Wo wird das Blättchen jetzt landen?
Ach, da ist es, es landet auf deiner Nase.

ganz sanft mit der Feder die Nase berühren

Und jetzt? Jetzt weht der Wind das Blättchen davon. Bis zum nächsten Mal.

alle Federn kommen zurück in den Korb

Alle meine Blumen

Ein Mitmachlied für die Frühlingswiese

Ab 9 Monaten

Bei diesem Mitmachlied passend zur Melodie von „Alle meine Entchen" können auch die ganz Kleinen schon mit ans Werk gehen: Es lässt sich hervorragend im Sitzen spielen. Die Kinder übernehmen die Rolle der Blumen und halten die Hände über den Kopf. Ältere Kinder können sich schon beim Mitsingen versuchen.

Alle meine Blumen
blühen dort im Gras,
blühen dort im Gras,
kommt ein Frühlingsregen,
Blumen werden nass.

die Arme hoch über den Kopf halten, als wären es Blütenblätter, beim Regen die Arme über den Kopf legen und den Kopf schützen

Alle meine Blumen
wachsen immer mehr,
wachsen immer mehr,
kommt die liebe Sonne,
das mögen sie sehr.

die Arme wieder hochstrecken und sich immer höher und höher recken, bei „Sonne" in die Hände klatschen

Alle meine Blumen
wiegen sich im Wind,
wiegen sich im Wind,
kommt ein Frühlingslüftchen,
biegt sie um geschwind.

die Arme wieder hochstrecken und sich hin und her wiegen, beim Lüftchen sanft nach hinten umfallen lassen

Wettersteinchen

Mit Ritualen auf den Spuren des Frühlings

Ab 2 Jahren

Der Frühling hat an Wetterphänomenen so ziemlich alles zu bieten: vom späten Schneefall oder Frost über Regen, Wind, Sturm, Gewitter bis hin zu Sonnenschein. Darum bieten sich gerade jetzt kleine Projekte zum Wetter an. Sie können das Wetter aber auch als Ritual in Ihren Morgenkreis einbinden. Eine schöne Idee sind selbst gestaltete Wettersteine als Wetteranzeiger.

Das brauchen Sie

- **Viele schöne, flache Kieselsteine**
- **Gut deckende bunte Farben (ungiftig)**
- **Pinsel**
- **Schwämmchen**
- **Schachtel oder Korb zum Aufbewahren**

Die Kinder dürfen die Steine zunächst in Ruhe kennenlernen, angucken, beschnuppern und anfühlen. Ermutigen Sie die Kinder, die Steine auch zu beschreiben. Vielleicht fühlen sich nicht alle Steine gleich an, manche sind vielleicht porös, andere ganz glatt. Dann stellen Sie die Farben bereit und zeigen den Kindern einige schon bemalte Steine. Möchten die Kinder selbst auch Wettersteine herstellen? Wie kommt das Wetter auf einen Stein? Zeigen Sie den Kindern die Motive für Sonne, Wolken, Regen, Blitz und Schnee. Welches Wetter ist heute? Die Kinder können dem aktuellen Wetter einen oder mehrere Steine zuordnen. Die Kinder, die das möchten, können weitere Wettersteine herstellen. Dabei steht nicht das künstlerische Ergebnis im Mittelpunkt, sondern einfach die Freude am Steinebemalen. Alle Steine müssen gut trocknen. Sammeln Sie die Steine in einem Körbchen.

Als Morgenkreisritual können die Kinder nun an jedem Morgen die zum Wetter passenden Steine aus dem Körbchen heraussuchen und auf die Fensterbank legen.

Erdbeer-Tiramisu

Eine Snack-Idee für den Frühlingsmorgenkreis

Eine besondere Schleckerei ist dieses weiche, zarte Tiramisu ganz ohne Kaffee und Alkohol.

Ab 2 Jahren

Das brauchen Sie

- **1 große Packung Löffelbiskuits**
- **1 kg Erdbeeren**
- **500 g Mascarpone**
- **200 g Naturjoghurt**
- **200 g Sahne**
- **180 g Puderzucker**

Die Erdbeeren waschen und vom Grün befreien. Dabei können die Kinder schon helfen. Die Erdbeeren in dünne Scheiben schneiden. Sind die Früchte weich, können die Kinder sie mit einem Eierschneider in Scheiben verwandeln. Die Hälfte der Erdbeerscheiben mit etwa 70 g Puderzucker pürieren. Es entsteht eine flüssige Erdbeersoße. Das ist wichtig, damit die Löffelbiskuits gut durchtränkt werden. Vor dem Einfüllen in die Tiramisu-Form die Sahne steif schlagen und mit dem restlichen Puderzucker, der Mascarpone und dem Joghurt verrühren. In die Tiramisuform kommt zuerst eine Schicht Löffelbiskuits, dann die Erdbeersoße, dann etwas von der Sahnemasse, dann eine Schicht Erdbeerscheiben. So weiterverfahren, bis alles aufgebraucht ist. Im Kühlschrank muss das Tiramisu mehrere Stunden durchziehen.

Kleiner Käfer

Ein Aufwach- und Mitturnlied für kleine Langschläfer

Noch nicht wach? Wie wäre es dann mit einem kleinen Turngedicht, das Sie singen können? So werden kleine Schlafmützen sanft und fröhlich wach.

Ab 18 Monaten

Singen Sie das Käferlied einfach zur Melodie von „Bruder Jakob". Dazu führen Sie mit den Kindern einfach die angezeigten Bewegungen aus. Schließen Sie das Lied, indem Sie sich mit den Kindern auf dem Rücken vor- und zurückwiegen. Jüngere Kinder, die motorisch noch nicht in der Lage sind, allein auf dem Rücken zu schwingen, rollen einfach hin und her.

Kleiner Käfer,
kleiner Käfer,
schläfst du noch,
schläfst du noch?
Komm und spreiz die Flügel,
komm und spreiz die Flügel,
brumm, brumm, brumm,
brumm, brumm, brumm.

…
Komm und streck die Fühler
…
Komm und tanz auf Blüten
…
Komm, klatsch in die Hände
…
Komm, roll auf dem Rücken
…

Zur ersten Strophe strecken die Kinder die Arme weg und machen Flugbewegungen. In der zweiten Strophe strecken die Kinder ihre Arme ganz weit nach oben, in der dritten Strophe einfach im Sitzen oder Stehen auf der Stelle mitschwingen oder tanzen. In der nächsten Strophe in die Hände klatschen. Zum Schluss auf dem Rücken schwingen und dann auf dem Boden oder auf einer weichen Matte etwas ausruhen.

Frühlingsmuffins

Leichtes Fingerfood für kleine Genießer

Muffins können schon die Kleinen prima aus der Hand essen. Sie passen bei einem Frühlingspicknick oder Waldtag. Ein leckeres Rezept, das – wenn Sie es möchten – ohne Zucker auskommt. Die Muffins lassen sich auch sehr gut einfrieren.

Ab 18 Monaten

Das brauchen Sie

- **170 g Erdbeeren, gewaschen, klein geschnitten**
- **150 g Maisgrieß**
- **120 g Apfelmus**
- **90 g helles Dinkelmehl**
- **75 ml Buttermilch**
- **1 Ei**
- **4 Esslöffel Speiseöl**
- **3 Esslöffel Honig (auch möglich: 3 Esslöffel Zucker oder 1 Esslöffel Steviapulver)**
- **1 Esslöffel Backpulver**

Den Maisgrieß mit dem Dinkelmehl und dem Backpulver mischen. In einer zweiten Schüssel Apfelmus, Ei, Buttermilch und Honig verrühren, dann alles zur Mehlmischung geben und das Öl zugeben. Alles kurz verrühren. Zum Schluss die Früchte unterheben. Den Teig in ein Muffinblech füllen. Dazu Papierförmchen in die Mulden setzen. Falls Gefahr besteht, dass die Kinder die Papierförmchen mitessen, können Sie die Mulden im Blech auch mit etwas Butter oder Margarine ausfetten und mit Mehl ausstreuen. Bei 180 °C etwa 25 Minuten backen, bis die Muffins goldbraun sind.

Morgenkreisideen im Sommer

Im Garten, im Sandkasten, im Draußen-Morgenkreis, auf der Wiese, im Wald: Die folgenden Spiele und Ideen passen überall – auch zwischendurch. Achten Sie jetzt im Sommer darauf, dass die Kinder nicht zu lange in der Sonne sind, und gönnen Sie sich stattdessen gemeinsam eine Auszeit im Schatten. Diese kleine Pause füllen Sie am besten mit einer Snack-Idee, lustigen Kitzelspielchen und Pusteblumenspielen. Anregungen dazu finden Sie in diesem Sommerkapitel.

Sommerfühlsäckchen

Eine Spielidee für den Tastsinn

Ab 1 Jahr

Den Sommer mit den Händen kennenlernen: Das können Ihre Kleinsten bei dieser einfachen und spannenden Spielidee. Das macht sicherlich auch den größeren Kindern in der Gruppe Spaß, für die sich etwas anspruchsvollere Tasträtsel im Säckchen finden können.

Das brauchen Sie

- **Mehrere kleine Säckchen aus Stoff (eine Kinderhand sollte noch gut hindurchpassen)**
- **Fühlmaterial nach Vorrat und jeweiligem Sommerprojekt wie Kieselsteine, Grashalme, Blumen, Muscheln, kleine Spielzeugfiguren von Käfern, Bienen und anderen Krabbeltieren**

Füllen Sie die Materialien in die Säckchen. Spannend wird es, wenn nicht jedes Säckchen das gleiche Material enthält. Die Kinder dürfen jetzt tasten und raten. Sehr junge Kinder ziehen einfach einen Gegenstand, den sie interessant finden, aus dem Säckchen und gemeinsam sagen Sie den Namen des Gegenstandes. Es kommt nicht darauf an, dass die Kinder alles benennen oder aussprechen können, sondern dass sie den Gegenstand erraten und in irgendeiner Form wiedererkennen können.

Variation

Für ältere Kinder können Sie auch wirklich knifflige Fühlrätsel in die Säckchen geben. Wie wäre es mit einer Pusteblume ohne Schirmchen? Ertasten die Kinder die Blume nur anhand des kahlen Blumenstempels?

Tipp

Löwenzahnblüten lassen sich toll ertasten und sind zart anzufühlen. Achten Sie allerdings darauf, dass die Kinder nicht zu sehr in Kontakt mit der Pflanzenmilch im Löwenzahnstängel kommen. Besonders (aber nicht nur) bei gleichzeitiger Sonneneinstrahlung kann der Löwenzahnsaft die Haut verfärben und reizen. Wählen Sie dann stattdessen Gänseblümchen.

Kleine Fliege

Ein Kitzelspiel für die Sommerzeit

Fliegen und Mücken sind in feuchten Sommern ständige und unerwünschte Begleiter. Für ein Kitzelspielchen eignen sich die kleinen Brummer allerdings als Hauptakteure sehr gut. Spielen Sie dieses Kitzelspiel doch beispielsweise, wenn Sie mit den Kindern im Schatten entspannen. Es bietet sich aber auch in Pflegesituationen an, etwa beim Wickeln oder Waschen.

Ab 6 Monaten

Eine kleine Fliege
landet auf dir, landet auf dir.

mit der Hand langsam angeflogen kommen, die Hand sanft auf den Bauch des Kindes legen

Läuft übern Bauch, das gefällt ihr auch,
läuft übers Bein, das findet sie fein.

über den Bauch streicheln, dann über das Bein

Läuft übern Arm, übern Hals und ans Ohr,
lass mal sein, das kitzelt doch nur!

mit der Hand am Arm, dann am Hals, dann am Ohr kitzeln, dann die Hand wegnehmen

Husch und weg ist die Fliege,
fliegt in die Luft, wir seh'n sie nicht mehr.

mit der Hand durch die Luft fliegen, dann die Hand hinter dem Rücken verstecken

Fünf kleine Pusteblumen

Ein Fingerspiel mit Wind

Ab 18 Monaten

Der Löwenzahn verbreitet seine Blumensamen mithilfe des Windes. Eine clevere Art der Fortpflanzung. Hier können die Kinder selbst Wind spielen und eine Pusteblume leer pusten. Sie können das Spiel mit echten Pusteblumen spielen oder einfach mit der Hand als Fingerspiel nachempfinden.

Fünf kleine Pusteblumen wackeln hin und her,
der Wind bläst heute nicht so sehr.

die Hand hochhalten und mit den Fingern wackeln

Biegen sich nach vorn, zurück,
was für ein Glück, was für ein Glück.

die Finger nach vorne und zurück biegen

Biegen sich zur Seite und zurück,
was für ein Glück, was für ein Glück.

die Finger oder die ganze Hand nach links und rechts biegen

Biegen sich im Kreis und zurück,
was für ein Glück, was für ein Glück.

die Hand kreisen lassen

Doch jetzt wird der Wind ganz stark und frisch,
pustet über die Blumen fürchterlich.

über die Hand pusten

Fünf kahle Stängelchen freuen sich sehr,
sind jetzt keine Pusteblumen mehr.

die Finger einziehen

Puuusteblume

Eine Bewegungsgeschichte mit dem Sommerwind

Ab 1 Jahr

Diese Bewegungsgeschichte über einen Löwenzahn / eine Pusteblume können die Kinder, die noch nicht sicher stehen und laufen können, auch wunderbar im Sitzen mitmachen.

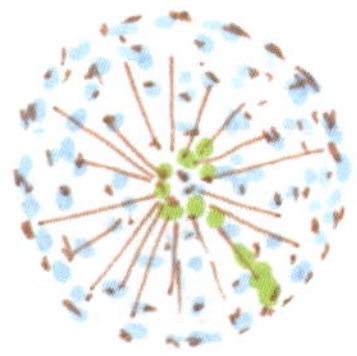

Ein kleiner Löwenzahn wacht auf. Er gähnt ganz laut.

hinhocken oder im Sitzen ganz klein machen, dann in die Hocke aufrichten oder im Sitzen aufrichten und ganz laut gähnen und dabei die Zähne zeigen

Er reckt und streckt sich und wächst hoch in die Luft.

aufstehen und sich hochrecken und -strecken; alternativ im Sitzen die Arme heben und im Sitzen nach oben recken und strecken

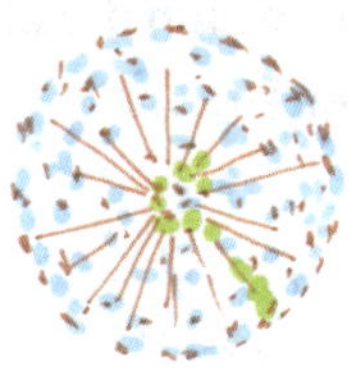

Er schüttelt seine Blüten.

die Arme über dem Kopf schütteln

Er freut sich an der Sonne.

mit den Armen über dem Kopf in die Hände klatschen

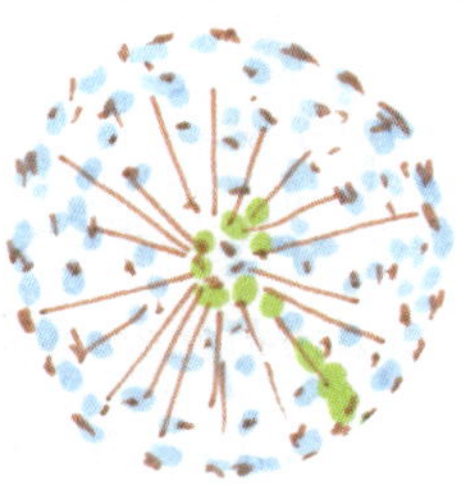

Er freut sich an seiner tollen Pusteblumenblüte.

mit den Händen durch die Haare wuscheln

Doch was ist das! Ein Wind kommt und – huiiiii – segeln die Schirmchen von der Pusteblume davon.

eine Runde im Raum umherlaufen oder im Sitzen mit den Armen wedeln

Da klappt der Löwenzahn seine Blütenblätter zu und ruht sich ein bisschen aus. Und bald beginnt die Geschichte wieder von vorne.

die Arme über dem Kopf verschränken, wieder hinsetzen und in die Hocke gehen; im Sitzen die Arme über dem Kopf verschränken und sich ganz klein machen

Sonnenmilch-Reim

Ein Eincreme-Vers mit und ohne Sonnenmilch

Da führt kein Weg dran vorbei: Eincremen ist im Sommer Pflicht – auch wenn die Kinder nicht immer Lust auf klebrige Sonnenmilch haben. Den Eincreme-Vers können Sie zwischendrin immer auch einmal als Trockenübung ohne Sonnenmilch mit den Kindern machen. So denken alle ans Eincremen und lernen Körperteile kennen.

Ab 18 Monaten

Machen Sie den Kindern den Vers am besten erst einmal alleine vor und führen Sie die passenden Bewegungen aus. Die Kinder fallen dann ganz von selbst mit ein. Schön, wenn der Reim ihr tägliches Sonnenmilch-Ritual begleiten kann, die Kinder nach und nach selbstständiger werden und sich die älteren Kinder selbst eincremen können.

Wisst ihr, was man besser macht,
wenn die Sonne draußen lacht?

in die Hände klatschen und die Hände dann mit ausgestreckten Fingern hochhalten

Man cremt sich ein mit Sonnenmilch,
so macht's ein ganz, ganz kluger Knilch.

mit den Fingern wackeln

Quietsch und quatsch, die Tube drücken,
Creme auf Wangen, Nasenrücken.

pantomimisch oder in Wirklichkeit das Gesicht eincremen, dabei auf die Wangen und auf die Nase tupfen

Creme auf Arme und auf Beine,
auf alle Finger, große, kleine.

Arme und Beine, alle Finger „eincremen"

Auf den Hals und auf die Brust,
zum Eincremen hab ich immer Lust.

Hals und Brust wirklich oder nur angedeutet eincremen

Auch die Füße kommen dran,
denn hier kommt auch die Sonne ran.

die Füße eincremen

Liebe Sonne, jetzt geht's los,
eincremen ist ganz famos.

wieder in die Hände klatschen

Zauberblüten

Ein Wasserexperiment für das Planschbecken

Selbst Teichblumen machen? Das geht ganz einfach: Sie brauchen einfach nur einige Papierzettel und Wachsmalstifte oder -kreiden. Eine lustige Idee für heiße Sommertage. Es regnet? Dann nehmen Sie die Zettelchen mit auf einen Pfützenspaziergang.

Ab 2 Jahren

Das brauchen Sie

- **Kleine Zettelchen (vom Zettelblock)**
- **Wachsmalkreiden**
- **Ein Körbchen / eine Schale**

Mit den Wachskreiden malen die Kinder Tupfen oder bunte Muster auf die Zettelchen. Dann werden die Zettelchen zu kleinen Kugeln zusammengeknüllt. Alle so hergestellten Kugeln sammeln die Kinder in einer Schale oder einem Körbchen.

Draußen am Planschbecken dürfen die Kinder unter genauer Aufsicht die Kügelchen aufs Wasser werfen (im Regenfall landen die Kügelchen auf einer Pfütze). Jetzt gucken alle genau zu: Durch das Wasser, das in die Papierporen eindringt, öffnen sich die Kügelchen etwas, sodass es aussieht wie Wasser- oder Teichblumen.

Schlemmer-Gedichtchen

Ein Gedicht vor oder nach dem Essen

Wenn das Essen mal wieder auf sich warten lässt, macht dieser kleine Tischvers Freude. Kinder, die schon im Hochstuhl oder auf einem eigenen Stuhl am Tisch sitzen können, klappern oder klopfen auf dem Tisch einfach den Takt mit Händen oder Bestecken mit.

Ab 2 Jahren

Kinder essen,
Haie fressen,
Frösche schlecken,
Schlangen lecken.

Schlürfen und schlingen,
schmatzen und klingen,
schlemmen und schlabbern,
knacken und knabbern.

Kauen und schlucken,
lutschen und spucken,
rülpsen und niesen,
knuspern, genießen.

Essen und trinken muss jedes Tier,
jeder Mensch,
jede Pflanze,
das sage ich dir.

Guck mal, wer heute so da ist!

Eine Fotoschachtel für jeden Tag

Ab 1 Jahr

Für dieses kleine Guten-Morgen-Ritual benötigen Sie ein Foto von jedem Kind. Dann dürfen die Kinder selbst experimentieren: Krippenkinder sind richtig erfreut, wenn sie sich selbst auf einem Foto entdecken und wiedererkennen. Lassen Sie die Kinder ruhig mehrmals die Fotos betrachten und den eigenen Namen oder den der anderen Kinder sagen.

Das brauchen Sie

- **Eine Schachtel**
- **Ein Foto von jedem Kind (am besten Porträtfotos)**
- **Nach Wunsch und Möglichkeit: Laminiergerät**
- **Scheren**
- **Nach Wunsch: Tonkarton**
- **Wäscheklammern oder Knetmasse**
- **Wäscheleine oder Stellwand**

Fertigen Sie zunächst die Kinderfotos an. Von jedem Kind in der Gruppe benötigen Sie ein gutes Porträtfoto, auf dem das Gesicht gut zu erkennen ist. Zur besseren Haltbarkeit können Sie alle Fotos zusätzlich auf bunten Tonkarton kleben, mit Rand ausschneiden und laminieren. Alle so hergestellten Fotos wandern in die Schachtel.

Morgens geben Sie den Kindern die Schachtel in den Kreis. Die Kinder können sich selbst heraussuchen, aber auch die Fotos der Kameraden betrachten. Der Reihe nach benennen Sie gemeinsam alle Fotos mit den Namen der abgebildeten Kinder. Halten Sie dazu ein Foto hoch. Die Kinder rufen den Namen des Kindes. Ist das Kind heute da? Fragen Sie genau nach. Die Kinder und das Kind selbst können antworten. Alle anwesenden Kinder können dann ihr Foto an einer Wäscheleine oder einer Stellwand befestigen. Die Kinder, die heute nicht da sind, werden ebenfalls benannt und die Fotos wandern zurück in den Karton.

Bienen summen

Ein Mitmachgedicht im Sitzen

Für dieses Gedichtchen brauchen die Kinder noch nicht laufen zu können, denn alle machen es einfach im Sitzkreis mit. Am besten ist, wenn die Kinder dabei auf dem Boden sitzen.

Ab 1 Jahr

Hör nur die Bienen, wie sie summen
und um die Blüten und Blumen brummen.

mit den Armen in der Luft wedeln

Sie fliegen und sausen umher,
fliegen und brummen hin und her.

Arme in der Luft hin und her bewegen

Sie fliegen und sausen nach oben und unten,
drehen so ihre Fliegtierrunden.

Arme in der Luft heben und senken

Sie fliegen im Kreis und trudeln herab,
stürzen beinahe auf Grashalme ab.
Padauz, aus!

alle lassen sich nach hinten umfallen, rufen „Padauz, aus!" und ruhen eine Weile aus

Fünf Bienen

Ein Schubs-weg-Fingerspiel

Bei diesem Fingerspiel verschwinden die Bienen nacheinander. Darum bietet es sich an, wenn die Kinder draußen echten Bienen begegnen und ängstlich sind. Bienen sind meist sehr friedlich und stechen nur, wenn sie provoziert werden.

Ab 18 Monaten

Fünf Bienen fliegen übers Land,
halten sich an der Bienenhand.

die Hand hochhalten und mit den Fingern wackeln, laut summen

Die erste Biene ist dick und rund,
landet in einem Hundemund.

den Daumen einklappen, etwas weniger laut summen

Die zweite Biene verirrt sich im Wald,
die dritte Biene folgt ihr bald.

Zeigefinger und dann Mittelfinger einklappen, leiser summen

Die vierte Biene summt ums Eck,
jetzt sind fast alle Bienen weg.

Ringfinger einklappen und nur noch ganz leise summen

Die kleinste Biene ruht sich heut aus
und die Geschichte ist erst einmal aus.

kleinen Finger einklappen und Schnarchgeräusche machen

Es regnet, es regnet!

Ein Tanzspiel zu einem alten Volkslied

Ab 1 Jahr

Das Lied „Es regnet, es regnet" stammt aus dem 19. Jahrhundert und Generationen von Kindern haben es bei Regen schon gesungen.

Die Melodie des Liedes ist sehr bekannt, allerdings gibt es sowohl beim Text als auch bei der Melodie verschiedene Variationen. Wählen Sie eine Version, die Ihnen und den Kindern am besten gefällt. Unsere Version begleiten Sie mit den Kindern ganz einfach so:

Zu Beginn sitzen die Kinder im Sitzkreis. Zur ersten Zeile „Es regnet, es regnet" stehen die Kinder auf. Kinder, die noch nicht stehen können, recken die Arme in die Höhe. Zur zweiten Zeile setzen sich die Kinder wieder hin. Die dritte und vierte Zeile klatschen die Kinder mit den Händen mit. Dann in der nächsten Strophe genauso verfahren, allerdings klatschen die Kinder nun mit den Händen auf den Boden. In der letzten Strophe klatschen die Kinder mit den Händen auf den Boden und stampfen dazu mit den Füßen.

Es regnet, es regnet,
die Erde wird nass.
Und wenn's genug geregnet hat,
dann wächst auch wieder Gras.

Es regnet, es regnet,
es regnet seinen Lauf.
Und wenn's genug geregnet hat,
dann hört's auch wieder auf.

Es regnet, es regnet,
was kümmert uns das.
Wir sitzen im Trocknen
Und werden nicht nass.

Kometenfangen

Ein langsames Fangspiel bei Regenwetter

Draußen regnet's, aber die Kinder möchten sich gern bewegen und sind unruhig? Mit einigen Luftballons und Chiffontüchern bringen sie sofort Spaß in die Runde.

Ab 1 Jahr

Das brauchen Sie

- **Viele stabile Luftballons**
- **Chiffontücher**

Pusten Sie die Luftballons prall, aber stabil auf. Gerade jüngere Kinder erschrecken bei den lauten Platzgeräuschen. Knoten Sie ein Chiffontuch an einen der Luftballons und schubsen Sie den Ballon in den Raum. Das Tuch ist leicht genug, um wie ein Kometenschweif hinter dem Ballon herzufliegen. Die Kinder können versuchen, den Kometen zu fangen. Natürlich dürfen die Kinder auch das Tuch anfassen und es durch die Finger gleiten lassen. Fertigen Sie einfach mehrere Kometen an.

Erdbeerbutter

Snacken im Sommer

Erdbeeren haben bei uns nicht lange Saison. Nutzen Sie die Monate, in denen die kleinen, roten Glücklichmacher zu haben sind und aus heimischem Anbau kommen. Schon etwas weich gewordene Früchte können Sie prima noch für eine leckere Erdbeerbutter nutzen.

Ab 2 Jahren

Das brauchen Sie

- **200 g Erdbeeren**
- **150 g weiche Butter**
- **Nach Wunsch: 2 Esslöffel Puderzucker**
- **Nach Wunsch: etwas Bio-Zitronenschale**

Die Erdbeeren waschen und vom Grün befreien. Mit dem Pürierstab fein pürieren. Nach Wunsch den Puderzucker und die Zitronenschalen dazurühren, dann mit der Butter mischen und gut vermengen. In Förmchen oder eingewickelt in Frischhaltefolie im Kühlschrank fest werden lassen.

Die Erdbeerbutter passt zu Brot, Zwieback, Brötchen oder auch zu Rosinenbrötchen oder Knusper- / Knäckebrot.

Morgenkreisideen für den Herbst

Der Herbst ist eine spannende Jahreszeit – gerade für die Kleinsten in der Kita. Auf den folgenden Seiten geht's zur Sache mit Zapfen, Kastanien und Äpfeln. Die kleineren Herbstfrüchte sind wegen der Gefahr des Verschluckens nicht immer für die Jüngsten empfehlenswert, aber extradicke Kastanien und Zapfen können Sie jetzt prima sammeln.

Kastanie, Kastanie

Ein Spiellied mit Gesang

Erste kleine Wettspiele bewältigen schon die Zweijährigen. Bei diesem Spiel kommt es auf motorische Geschicklichkeit und aufs Aufpassen an.

Ab 2 Jahren

Ein Kind ist in diesem Spiel die Kastanie. Die anderen Kinder geben sich die Hand und bilden im Stehen einen Kreis. Kinder, die noch nicht stehen können, können den stehenden Kindern auch im Sitzen die Hand reichen. Die Kastanie versucht nun, durch den Kinderkreis ins Kreisinnere zu kommen. Dazu rollt sie sich unter oder an den Beinen oder Händen der Kreiskinder hindurch. Hat sie es ins Kreisinnere geschafft, ist ein anderes Kind die Kastanie.

Nach Lust und Laune können die Kinder dazu auch ein Kastanienlied singen, beispielsweise zur Melodie von „Laterne, Laterne“:

Kastanie, Kastanie,
roll durch Gras und Steine,
unter Arm und Beine.
Roll im Kreis umher,
roll im Kreis umher,
Eicheln, Kastanien und noch vieles mehr.

Wer hat die Nuss?

Ein Kreisspiel zum Rätseln und Lachen

Walnüsse sind tolle Spielobjekte. Bei diesem Spiel müssen die Kinder versuchen, die Nuss unbemerkt weiterzugeben. Ein lustiger Spaß für zwischendrin.

Ab 2 Jahren

Das brauchen Sie

- **Eine Walnuss**

Bei diesem Spiel sitzen oder stehen die Kinder im Kreis. Ein Kind, der Nussjäger, muss sich kurz die Augen zuhalten oder den Raum verlassen. In dieser Zeit bekommt eines der Kinder im Kreis die Nuss. Dann wird der Nussjäger wieder hereingelassen und geht außen am Kreis herum. Innen im Kreis geben die Kinder möglichst unauffällig die Nuss weiter, indem sie sie in ihren Händen so gut wie möglich verstecken. Hat der Nussjäger einen Verdacht, so tippt er einem der Kinder von hinten auf den Rücken. Ab diesem Moment darf die Nuss nicht mehr weitergegeben werden. Liegt der Nussjäger mit seinem Verdacht richtig, ist in der nächsten Runde ein anderes Kind der Nussjäger.

Variation

Schwieriger für den Nussjäger wird das Spiel, wenn die Kinder am Tisch sitzen und die Nuss unter der Tischplatte weitergeben. Dann muss der Nussjäger vor einem Kind, das er im „Nussverdacht“ hat, auf den Tisch klopfen.

Zapfenfalle

Taktiles Freispiel mit Tannenzapfen

Ab 18 Monaten

Zapfen fallen meist ab dem Sommer von den Bäumen ab. Begeben Sie sich also rechtzeitig auf Zapfenjagd. Was pauschal „Tannenzapfen" heißt, ist in Wirklichkeit entweder ein Fichtenzapfen (länglich, biegsam, hellbraun oder beige) oder ein Kiefernzapfen (kugelig, dunkelbraun, etwas härter). Tannen wie die Weißtanne verlieren ihre Zapfen nämlich nicht als Ganzes, sondern die Zapfen flattern in kleinen Teilen vom Baum.

Das brauchen Sie

- **Eine Babybadewanne**
- **Einen großen Eimer (etwa 10 l Fassungsvermögen)**
- **Einen Sandkasteneimer**
- **Kunststoffbecher**
- **Viele Zapfen von Kiefern, Fichten und anderen Nadelbäumen**

Ihre gesammelten Zapfen breiten die Kinder zum Trocknen auf Zeitungspapier an einem luftigen, warmen Ort aus. Zuvor können die Kinder die Zapfen von Erdresten und Nadeln befreien. Nach dem Trocknen ist ihr Spielmaterial fertig.

Füllen Sie alle Zapfen in die Wanne. Die Kinder dürfen nun eine Hand oder einen Arm hineinstecken und beschreiben, wie sich das anfühlt. Wenn Sie richtig viele Zapfen gesammelt haben, können Sie auch ein (robustes) Planschbecken damit füllen und die Kinder können sich hineinlegen und ein „Zapfenbad" genießen.

Noch mehr Spielmöglichkeiten ergeben sich von selbst: Stellen Sie den Kindern Eimer in verschiedenen Größen, Becher oder auch Küchenschüsseln bereit. Die Kinder werden von selbst darauf kommen, die Zapfen mit den Behältern umzufüllen und umzuschütten. Vielleicht erlauben Sie auch eine vorsichtige Zapfendusche? Wer traut sich in die Wanne oder ins Planschbecken und wird sanft (!) mit Zapfen übergossen?

Fünf kleine Zapfenwichtel

Ein Fingerspiel mit kreativer Erweiterung

Ab 2 Jahren

Bei diesem lustigen Wichtelspiel können Sie die Hände einsetzen und das Spiel als Kitzel- oder Handspiel spielen oder Sie spielen mit kleinen Zapfen, die Sie dann am Kind herabrollen lassen.

Klettern Sie passend zum Text immer mit den fünf Fingern einer Hand am Arm des Kindes hinauf bis zur Schulter. Von dort lassen Sie die Hand sanft herabfallen. Haben die Kinder eine Idee, wie man den Zwergen nach der letzten Strophe helfen könnte? Vielleicht mit einem Wichtel- oder Zwergenaufzug? Oder eine Fee taucht auf? Oder der Wind lässt nach?

Fünf kleine Zapfenwichtel
wandern in die Berge,
hoch hinauf auf alle Gipfel
klettern die fünf Zwerge.

Oben weht ein kalter Wind,
die Zwerge frieren sehr,
der Wind pustet sie weg vom Berg,
kein Wichtel steht mehr hier.

Die Wichtel steigen hoch erneut,
sie klettern schnell und munter,
kaum sind sie oben voller Freud,
purzeln sie wieder runter.

Ein letztes Mal, die Wichtel brummen,
sie steigen hoch tapp, tapp,
doch kaum sind sie dort angekommen,
stürzen sie wieder ab.

Nur noch ein einz'ges letztes Mal,
das schwören sich die Zwerge,
doch wieder purzeln sie ins Tal,
vom hohen, kalten Berge.

Raschel, raschel, kleine Schnecke

Ein Mitmachgedicht mit Herbstblättern

Ab 1 Jahr

Dieses Gedicht können Sie mit den Kindern im Freien machen. Dann liegen nämlich bestimmt viele tolle Blätter auf dem Boden, mit denen die Kinder rascheln können. Ansonsten nehmen Sie sich etwas Herbstlaub mit in den Gruppenraum und streuen es aus. Hinterher macht es den Kindern bestimmt Spaß, wenn sie die bunte Pracht zusammenfegen dürfen.

Das brauchen Sie

- **Etwas Herbstlaub**

Zu Beginn des Gedichtes sitzen Sie mit den Kindern in der Hocke. Kinder, die noch nicht stehen können, können während des Gedichtes auf dem Boden sitzen bleiben und die Bewegungen nur mit dem Oberkörper mitmachen.

Raschel, raschel, kleine Schnecke,
Herbstwind weht um jede Ecke.

auf dem Boden in den Blättern rascheln

Raschelt in Blättern und Zweigen umher,
rüttelt an Bäumen und Ästen so sehr.

aufstehen und die Arme und Beine wild schütteln

Biegt die Bäume hin und her,
die Bäume seufzen dabei schwer.

sich hin und her biegen oder von einem auf das andere Bein stellen

Biegt die Bäume nach vorn und zurück,
die Bäume mögen das zum Glück.

vor- und zurückwiegen oder einen Schritt vor- und zurückgehen

Tanzt um Bäume und Tiere herum,
dreht den Menschen die Kleider um.

sich einmal im Kreis drehen

Raschel, raschel, kleine Schnecke,
Herbstwind weht um jede Ecke.

wieder in die Hocke gehen und mit dem Laub rascheln

Kleiner Igel Willibald

Ein Streichel- und Piksgedicht

Ab 18 Monaten

Kuscheln ist ja sehr schön, aber was machen eigentlich Igel, wenn sie einmal kuscheln möchten? In diesem Gedicht muss der Igel Willibald die Erfahrung machen, dass sein Körperkontakt nicht immer erwünscht ist.

Kleiner Igel Willibald,
frierst im kalten, leeren Wald?

die Arme um den Körper legen wie beim Frieren

Ein Mäuschen kuschelt sich zu dir,
doch stichst du – autsch! – das kleine Tier!

mit zwei Fingern ganz sanft kneifen

Ein Hamster rollt sich neben dich,
auch den stichst du ganz fürchterlich.

wieder sanft kneifen

Ein Eichhörnchen probiert es auch,
das stichst du in den Hörnchenbauch.

sanft in den Bauch kneifen

Zum Schluss frierst du wieder allein,
kommt eine Stimme, zart und fein:

wieder frieren wie oben

„Lieber Igel, könnt ich wohl bleiben?
An mir kannst du ruhig deine Stacheln reiben."

sanft über den Arm reiben

Ein zweiter Igel namens Jochen
kam nämlich flink dazugekrochen.

sich kurz ankuscheln

Der kleine Igel und der Herbst

Ein Aufpassgedicht zum Kennenlernen von Farben

Ein einziges Herbstblatt kann viele Farben haben. Schauen Sie mit den Kindern doch einmal ein oder zwei besonders schöne Vertreter an und benennen Sie gemeinsam die Farben, die hier vorkommen. Direkt auf dem Blatt können die Kinder die Farben auch zeigen. Dazu passt dieses Gedicht, in dem es um die Farbenwelt im Herbst geht.

Ab 2 Monaten

Das brauchen Sie

- **Farbkärtchen in den Farben Rot, Violett, Braun, Blau, Gelb, Grün und Orange**

Die Kinder können sich das Gedicht zuerst einmal anhören. Im zweiten oder dritten Durchlauf halten sie ganz fix die Karte hoch, die die gerade erwähnte Farbe zeigt.

Der kleine Igel ist heute auf Tour,
staunt über die Farben im Herbstwald nur.
Es gibt Blätter, die sind richtig farbig und nett,
leuchten in Rot und in Violett.

Kastanien sind so schön anzuschau'n,
sie schimmern in einem tiefen Braun.
Über allem der Himmel so hell und so blau,
der Igel möchte am liebsten nur schau'n.

Ein Ahornblatt, ganz gelb und grün,
das findet der Igel richtig schön.
Und da, eine Schnecke am Wegesrand,
so orange ist sonst keiner im ganzen Land.

Keine Frage, der Herbst ist so schön,
doch jetzt muss der Igel in Winterschlaf geh'n.
Tschüss!

Erweiterung

Sammeln Sie mit den Kindern besonders schöne Blätter und betrachten Sie sie auf einem Leuchttisch, mit Lupen oder Taschenlampen. Vielleicht darf sich auch jedes Kind ein Lieblingsblatt küren?

Sortierspiele mit Alltags- & Naturmaterialien

Das große Herbstsortieren

Für dieses Spiel benötigen Sie einen großen Korb voller Herbstmaterialien. Sammeln Sie am besten gemeinsam, beispielsweise auf einem Spaziergang, was der Herbst zu bieten hat. Steine, Wal- oder Haselnüsse, Kastanien, Eicheln, Zapfen aller Art, Hagebutten – was immer die Kinder interessiert, kann mit in den Korb. Achten Sie aber darauf, dass Sie keine giftigen Beeren einsammeln. Falls die Kinder noch sehr klein sind, sollten Sie darauf achten, dass Ihre Herbstschätze zu groß sind, um in den Mund genommen und verschluckt zu werden.

Ab 2 Jahren

Das brauchen Sie

- **Ein buntes Sammelsurium an Herbstmaterialen, beispielsweise Eicheln, Nüsse, Kastanien, Hagebutten, Zapfen, Steine, schöne Blättchen**
- **Muffinbleche**
- **Pralinenschachteln (nur die Kunststoffeinlagen)**

Legen Sie die Bleche und Kunststoffeinlagen aus den Pralinenschachteln aus. Daneben positionieren Sie den Korb mit den Herbstfrüchten. Drücken Sie eine Kastanie in eine geeignete Öffnung im Blech oder in der Schachtel. Die Kinder werden es gern nachmachen wollen und wie bei einem Puzzle ausprobieren, welcher Herbstschatz wo am besten hinpasst. Auch möglich: In die Vertiefungen können die Kinder natürlich auch mehrere Schätze gleichzeitig stecken. Sicherlich werden die Kinder auch auf die Idee kommen, ihre Schätze zu sortieren. Lassen Sie alles zu und bieten Sie, wenn gewünscht, weitere Behältnisse zum Sortieren oder Auslegen an.

Gespensterwerfen

Ein Keine-Angst-Spiel für die Halloweenzeit

Gerade die jüngeren Kinder haben an Halloween oft noch etwas Angst. Kein Wunder: Die Gruselgestalten, die dann manchmal um „Süßes oder Saures“ bitten, jagen auch Erwachsenen unter Umständen einen kleinen Schauer über den Rücken. Beim Gespensterwerfen muss sich dagegen niemand fürchten.

Das brauchen Sie

- **Kleine weiche Bälle (ersatzweise Füllwatte oder Watte)**
- **Weiße Papiertücher**
- **Haushaltsgummis**
- **Schwarzer Filzstift**
- **Eine große weiße Schale oder einen Wäschekorb**

Ab 18 Monaten

Die Bälle mit den Papiertüchern ummanteln und die Tücher mit Haushaltsgummi so abbinden, dass ein kleiner Schweif absteht. Falls Sie nicht genügend weiche Bälle haben, können Sie die Gespenster auch einfach mit (Füll-) Watte füllen. Mit dem Filzstift ein Gesicht auf die Bälle malen. Das Gesicht sollte freundlich sein (keine Fangzähne oder Ähnliches). Die so entstandenen Gespenster in den Korb oder die Schale legen.

Erzählen Sie den Kindern, dass heute allerlei lustige Gespenster im Gruppenraum zu Gast sind. Sie sind sehr freundlich und zart, aber sie sind von zu Hause ausgerissen und sollten wieder eingefangen werden. Können die Kinder helfen? Schwenken Sie die Schale mit den Gespenstern einmal hoch in die Luft, sodass sich die kleinen Bälle überall verteilen. Achten Sie darauf, dass kein Kind dabei verletzt wird. Die Kinder dürfen die Gespenster suchen und in den Korb zurücklegen. Alternativ können die Kinder auch versuchen, mit den Gespenstern in den Korb zu treffen. Und wenn alle Gespenster im Korb sind, reißen sie sicherlich bald wieder aus …

Kleine Laterne

Ein Zauberspruch für die Martinszeit

Bei diesem Fingerspiel bringen Sie Kinderaugen und ein LED-Lichtchen zum Leuchten. Eine schöne Idee für zwischendurch oder um den Kindern die Wartezeit bis zum Laternenumzug zu verkürzen.

Ab 1 Jahr

Das brauchen Sie

- **Ein LED-Licht**
- **Einen Tisch**

Kleine Laterne, wo ist denn dein Licht?
Ich stehe im Dunkeln und sehe es nicht.

das Lichtchen anknipsen und mit den Händen verdecken

Abrakadabra und Simsalabim,
jetzt gucke ich gleich noch mal zu dir hin.

die Hände vorsichtig anheben

Da ist es, dein Lichtchen, wie wunderschön,
jetzt können wir mit den Laternen geh'n.

Hände wegnehmen, nach Wunsch darf das Kind das Lichtchen eine Runde durch den Raum tragen

Wo ist der Drachen?

Ein Kreisspiel zum genauen Hinhören

Für dieses Spiel benötigen Sie einen kleinen selbst gebauten Flugdrachen. Der Drachen muss nicht perfekt fliegen können und braucht nicht sehr groß zu sein. Dann kann der Spaß losgehen.

Ab 2 Jahren

Das brauchen Sie

- **Einen kleinen gebastelten Flugdrachen (höchstens 20 cm lang) mit Schnur**
- **Glöckchen oder Klingel**

Zeigen Sie den Kindern den Drachen. Wissen die Kinder schon, was man damit macht? An einem windigen Tag können Sie ihn gemeinsam steigen lassen. Die Kinder können auch einfach damit herumlaufen und testen, ob er mit ihnen mitfliegt. Im nächsten Schritt binden Sie ein Glöckchen oder eine Klingel an der Schnur fest. Die Kinder können nun herausfinden, wie und wann das Glöckchen im Wind klingelt.

Für ein einfaches Spiel mit den größeren Kindern setzen sich alle Kinder in den Kreis. Ein Kind ist der Drachenjäger. Es kommt in die Kreismitte und hält sich die Augen zu. In dieser Zeit geben Sie einem Kind den Drachen in die Hände. Die anderen Kinder halten ihre Hände hinter dem Rücken. Wenn der Drachenjäger ruft: „Drachen, brüll einmal!", muss das Kind mit dem Glöckchen klingeln. Ruft der Drachenjäger nicht, muss das Glöckchen natürlich ganz still gehalten werden. Findet der Drachenjäger heraus, welches Kind den Drachen hat? Nach drei Versuchen dürfen die anderen Kinder helfen.

Mein Drachen

Mitmachgedicht im Sitzen oder Stehen

Ein Mitmachgedicht mit viel Bewegung rund ums Drachensteigen wartet hier auf Sie und die Kinder. Kinder, die noch nicht gut stehen und laufen können, können das Gedicht einfach im Sitzen mitmachen.

Ab 18 Monaten

Mein Drachen, mein Drachen,
heut geh ich mit dir raus.

auf der Stelle laufen oder gehen

Mein Drachen, mein Drachen,
heut steigst du hoch hinaus.

mit den Armen hoch in den Himmel zeigen

Ich rolle erst die Leine ab,
immer weiter, klappdiklapp.

die Hände umeinander kreisen lassen

Dann lauf ich los, so schnell ich kann,
halt den Drachen an mir dran.

ganz schnell auf der Stelle laufen

Dann werfe ich ihn hoch hinaus,
Drachen, bitte, steig doch auf.

ganz hoch springen

Da fliegt er in den Himmel weit,
immer höher, weiter als weit.

in den Himmel / an die Decke gucken und die Arme hochhalten

Doch dann, padauz, der Wind ist weg,
mein Drachen landet jetzt im Dreck.

auf den Boden setzen oder hinfallen lassen

Apfelernte

Eine Miniklanggeschichte zum Mitturnen

Dieses kleine Gedicht können Sie mit den Kindern vertonen (als Klanggeschichte) oder mit ihnen als Bewegungsgedicht mitturnen. Beides macht Spaß.

Ab 1 Jahr

Plumps, ein Apfel fällt vom Baum herunter,
rollt auf dem Boden herum so munter.

Schnell die Leiter angestellt,
auf den Baum herauf ganz schnell.

Zick und zack, ich pflück noch mehr,
Äpfel hängen rot und schwer.

Mein Korb ist voll, ich steig herab,
die Leiter runter, tapp-tapp-tapp.

Und wisst ihr, was ich unten mache?
Beiß in einen Apfel, ganz wie ein Drache.

Zum Mitturnen

Zum Turnen sollten Sie, wenn Sie keinen weichen Boden haben, Matten auslegen. Im Sitzen oder Stehen kommen die Kinder in einem lockeren Kreis zusammen. Bei „Plumps" setzen sich alle auf den Po und rollen etwas auf dem Boden. Ältere Kinder können sich auch sanft (!) fallen lassen und auf dem Rücken vor- und zurückschaukeln. In der zweiten Strophe stellen die Kinder dar, wie sie auf eine Leiter klettern, in der dritten Strophe, wie sie pantomimisch Äpfel pflücken. In der vierten auf der Stelle laufen oder Kletterbewegungen machen. Zum Schluss den Mund ganz weit aufreißen, wie wenn man in einen Apfel beißen will wie ein Drache.

Ab 2 Jahren

Zum Mitklingen mit einem Kind oder allein

Mit einem Xylo- oder Metallofon/Glockenspiel können Sie für die Kinder die Geschichte oder das Gedicht verklanglichen, wenn Sie sie zum ersten Mal erzählen. Spielen Sie in der ersten Strophe nur einen einzigen lauten Ton an. In der zweiten Strophe spielen Sie eine aufsteigende Reihenfolge. Dritte Strophe: mehrere unterschiedliche Töne. Vierte Strophe: absteigende Reihenfolge. Letzte Strophe: wildes Spiel auf dem Instrument. Später können Sie das Gedicht mit einem Kind allein wiederholen.

Zum Mitklingen mit mehreren Kindern

Lassen Sie die Kinder ein Instrument aussuchen. Für Kleinstkinder eignen sich einfache Instrumente wie Rasseln oder kleine Trommeln. Die Kinder können selbst Ideen einbringen. In der ersten Strophe bei „Plumps" können beispielsweise alle nur einen Schlag oder Ton auf ihrem Instrument erzeugen, in der zweiten Strophe dann mehrere Töne hintereinander. Dritte Strophe: einzelne Töne, vierte Strophe: das Herabsteigen darstellen, indem die Kinder von laut nach leise spielen. Letzte Strophe: Alle spielen wild und laut durcheinander.

Apfel-Brotstangen

Snack-Idee für den Morgenkreis

Ab 18 Monaten

Schnell was zum Knabbern, das kaum Zucker enthält und lecker nach Herbst und Apfel schmeckt: Apfel-Brotstangen aus feinem Hefeteig schmecken schon den Kleinsten.

Das brauchen Sie

- **400 g Dinkelmehl**
- **1 Päckchen Trockenhefe**
- **50 g Rapsöl**
- **80 ml Apfelsaft**
- **80 ml lauwarmes Wasser**
- **1 Prise Salz**
- **2 Esslöffel Honig oder Reissirup**
- **1 Apfel**

Mehl und Trockenhefe in einer Schüssel vermischen. Alle Zutaten außer dem Apfel zugeben und verkneten. Zugedeckt 30 Minuten gehen lassen. Dann den Apfel schälen und fein reiben. Den geriebenen Apfel unter den Teig kneten und den Teig noch einmal 40 Minuten gehen lassen. Den Teig erneut durchkneten. Die Kinder formen aus dem Teig kleine Brotstangen oder längliche Brötchen. Auf mit Backpapier ausgelegten Blechen backen die Apfel-Brotstangen bei 200 °C etwa 30 Minuten, bis sie goldbraun sind. Die Brötchen etwas abkühlen lassen und vom Blech lösen. Falls die Brötchen innen noch etwas weich sind, nicht wieder backen, der Teig härtet noch aus.

Morgenkreisideen für Advent & Winter

Zum ersten Mal im Leben Weihnachtsplätzchen, Nikolausvorfreude und Geschenke an Weihnachten bewusst erleben. Und dann den Winter mit Kälte, Eis und Schnee genießen. Auf den folgenden Seiten finden Sie gemütliche Ideen für die kalte Zeit im Jahr. Alles lässt sich prima drinnen und ohne großen Materialaufwand spielen, singen oder reimen und vertreibt an einem dunklen Wintermorgen schlechte Laune und Müdigkeit.

Mit Sack und Pack

Ein Kitzelspiel für den Nikolaus

Ein Kitzelspiel für die Nikolauszeit: Mit diesem kleinen Reim können Sie dem Kind beim Wickeln, Umziehen oder auch einfach im Einzelkontakt zwischendrin Freude machen.

Ab 1 Jahr

Mit Sack und Pack kommt er zu dir,
klingelt auch an deiner Tür.

mit zwei Fingern einer Hand als Nikolaus angelaufen kommen; mit einem Finger am Arm des Kindes „klingeln“

Läuft die Trepp' hoch mit Geschnauf,
mach ihm doch die Türe auf!

am Arm des Kindes mit den beiden Fingern hochlaufen und dabei „schnaufen“

„Guten Tag, Herr Nikolaus,
sei willkommen in diesem Haus!“

winken

Ach, du lieber Weihnachtsmann!

Ein Freu-dich-Liedchen zu bekannter Melodie

Wenn Sie das Lied „O du lieber Augustin“ kennen, dann können Sie dieses kleine Weihnachtsmannlied sofort mitsingen, denn es hat die gleiche Melodie.

Ab 2 Jahren

Ach, du lieber Weihnachtsmann,
Weihnachtsmann,
Weihnachtsmann,
ach, du lieber Weihnachtsmann,
wann kommst du an?
Warten schon lang auf dich,
kommst heute sicherlich.
Ach, du lieber Weihnachtsmann,
klopf bei uns an!

Ach, du lieber Weihnachtsmann,
Weihnachtsmann,
Weihnachtsmann,
ach, du lieber Weihnachtsmann,
wann kommst du an?
Haben ein Lied für dich,
freust dich doch sicherlich.
Ach, du lieber Weihnachtsmann,
klopf bei uns an!

Klipper-klapper

Ein Einmachglasdeckel-Spiel

Ab 1 Jahr

Steckspiele können Sie mit den Kindern auch ganz einfach selbst machen: Hier stecken die Kinder Einmachglasdeckel in bemalte Dosen, die Sie mit einem Schlitz zum „Einwerfen" versehen. Dazu haben die Einwurfdosen ein freundliches Nikolaus-Outfit.

Das brauchen Sie

- **Viele Metalldeckel von Einmachgläsern**
- **Schuhkarton**
- **Flüssige Farben**
- **Pinsel oder Schwämmchen**
- **Leere runde Pappdosen (beispielsweise aus dem gelben Sack: runde Umverpackungen von Chips-Rollen, Getreidekaffee oder Cappuccino)**
- **Schere**
- **Cutter (dieses Werkzeug benutzen nur Sie selbst)**
- **Nach Wunsch: rotes und hautfarbenes Tonpapier und Watte**
- **Schwarzen Filzstift**

Die Einmachglasdeckel im Schuhkarton sammeln. Fragen Sie bei den Eltern um Deckelspenden. Diese Deckel sitzen auf Apfelmus- oder Marmeladengläsern etc. und dürfen nicht mit im Altglas landen. Alle Deckel im Karton klappern schön und laut durcheinander. Lassen Sie die Kinder am Karton rütteln.

Die Dosen mit den Farben rundherum rot bemalen und trocknen lassen. Nach Wunsch einen Kreis als Nikolausgesicht aufkleben, mit dem Filzstift Augen malen. Eine rote Mütze (einfach ein Dreieck) aufkleben und einen Bart aus Watte gestalten. Sie können die Dose aber selbstverständlich auch unbemalt lassen oder mit den Kindern mit Schwämmchen nur einfach bunt betupfen. In den Deckel der Dose schneiden Sie selbst mit dem Cutter eine ausreichend große Öffnung für die Einmachglasdeckel. Toll, wenn Ihre Einmachglasdeckel mehrere unterschiedliche Größen haben. In diesem Fall bringen Sie Einschnitte in zwei verschiedenen Größen an.

Die Kinder stecken die Einmachglasdeckel in den richtigen Einschnitt. Nach dem Stecken können Sie die Nikolausdose einfach öffnen und die Deckel wieder herausnehmen.

Mit Hand und Fuß

Ein Sortierspiel zum Kuscheln

Haben Sie in Ihrer Kita einen Fundus für übrig gebliebene, liegen gelassene, vergessene oder gespendete Kleider? Den brauchen Sie für dieses Spiel. Fragen Sie auch bei den Eltern um Spenden und bestücken Sie eine große Kiste mit lauter lustigen bunten Socken, Strümpfen und Handschuhen aller Art.

Ab 18 Monaten

Das brauchen Sie

- **Viele saubere Socken (ausrangierte Babysocken, Puppensocken, lustige Wollsocken mit Mustern, Skistrümpfe und weitere Socken nach Vorrat und Möglichkeit)**
- **Viele saubere Handschuhe (wie oben)**
- **Eine große Kiste**

Die Kinder dürfen in der Kiste kramen und die unterschiedlichen Stoffe befühlen. Schließlich leeren Sie die Kiste gemeinsam aus. Die Kinder sollen nun die Paare der Socken, Strümpfe und Handschuhe zusammensuchen. Auch möglich: Die Kinder ordnen einfach die Materialien nach eigenen Ideen, beispielsweise nach Farben, Größe oder Eigenart. Falls die Kinder nach Farben sortieren möchten, können Sie so vorgehen: Stellen Sie vier oder fünf Kartons auf. Stellen Sie vor jeden Karton eine Farbkarte oder ein Bausteinchen in der Farbe, die in den Karton kommen soll. Achten Sie beim Bestücken der Fundstückekiste darauf, dass nicht zu viele unterschiedliche Farben (höchstens vier oder fünf Farben) vorkommen, die die Kinder gut zuordnen können.

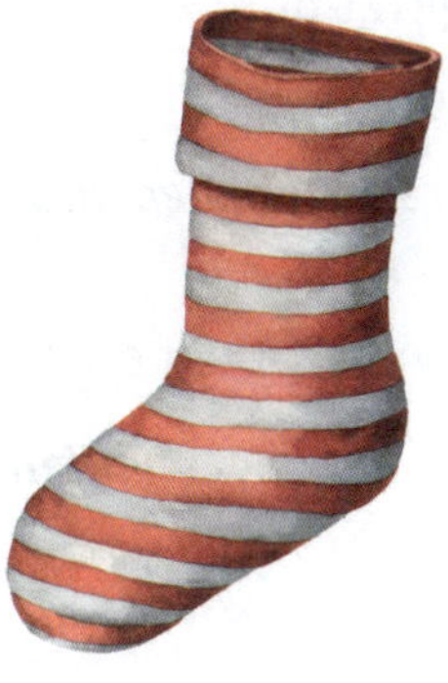

Schlittenfahrt

Ein Kniereiter für den Kinderkreis

Ab 1 Jahr

Kein Wetter für eine Schlittenfahrt? Dann holen Sie die Schlittenfahrt einfach in den Gruppenraum und träumen Sie sich gemeinsam auf die Rodelpiste. Mit diesem kleinen Kniereiterspiel funktioniert's.

Setzen Sie sich mit den Kindern hintereinander, sodass immer der Vordermann zwischen den Beinen des Hintermanns sitzt. Sehr junge Kinder sitzen dabei am besten auf Ihrem Schoß. Natürlich können Sie den Kniereiter auch in der Einzelsituation mit nur einem Kind durchführen.

Max fährt auf seinem Schlitten, huiii, das geht schnell!

die Arme hochwerfen oder dem Kind die Arme hochhalten

Jetzt fährt er – schwupps! – über einen Hügel.

kurz mit dem Kind auf dem Schoß im Sitzen hochhüpfen

Und durch eine scharfe Kurve – beinahe wäre er umgekippt!

nach links lehnen und das Kind dabei festhalten

Und jetzt geht die Kurve in die andere Richtung.

nach rechts lehnen und das Kind gut festhalten

Und wieder über einen Hügel …

wieder kurz hochhüpfen

… und jetzt kommt die ganz große Kurve …

ganz weit zu einer Seite lehnen

… noch enger wird die Kurve …

noch weiter nach außen lehnen und das Kind gut festhalten

… oje, und noch enger ….

noch weiter lehnen

… und padauz! Da ist Max umgefallen.

mit dem Kind sanft zur Seite umfallen lassen

Streichelkiste

Massage- und Streichelanregungen zur Entspannung

Auch die jüngsten Kinder in der Kita benötigen von Zeit zu Zeit eine kleine Pause, in der Entspannung auf dem Programm steht. Wie wäre es, wenn Sie für graue Wintertage eine Streichelkiste parat halten mit Dingen, die das taktile Wahrnehmen und darüber die Entspannung fördern?

Das brauchen Sie

- **Einen großen Schuhkarton**
- **Interessante Massagematerialien wie große weiche Pinsel, Federn, Schwämmchen, weiche Haarbürsten, Kunstpelz- oder Kunstfellreste, Puderquasten, Wollknäuel, Seidentuch, Wattebäusche**
- **CD-Spieler mit ruhiger oder Entspannungsmusik**
- **Kleine Lichtquelle**

Ab 18 Monaten

Um es richtig gemütlich zu machen, können Sie den Gruppenraum leicht abdunkeln und für ein angenehmes, nicht zu helles Licht sorgen. Auch die Temperatur im Raum ist wichtig: Es sollte angenehm warm sein, damit sich die Kinder in der körperlichen Ruhe wohlfühlen. Vielleicht ziehen die Kinder im Laufe der Übung auch Schuhe und Strümpfe aus oder rollen Pulloverärmel hoch.

Ältere Krippenkinder dürfen die Utensilien in der Streichelkiste schon ganz allein ausprobieren und befühlen. Die Kinder können sich zu Paaren zusammenfinden und sich gegenseitig mit den weichen Materialien streicheln oder massieren oder sie einfach nur gemeinsam befühlen. Jüngere Kinder profitieren von einer Einzelsituation. Fahren Sie zart mit einem der Utensilien über die Haut des Kindes, beispielsweise am Arm oder am Fuß. Achten Sie bei den Jüngsten immer sehr genau auf Symptome und auch nonverbale Äußerungen des Kindes. Wird die Berührung als angenehm empfunden? Welche Wohlfühlutensilien mag das Kind besonders gern?

Im Anschluss an eine solche Streichelrunde können die Kinder, die schon sprechen können, sagen, welches Streichelutensil sie besonders mögen.

Die kleine Schneeflocke

Ein Wickel- oder Streichelvers für die Winterzeit

Körperliche Nähe ist für Krippenkinder wichtig, besonders die ganz Kleinen profitieren von körperlicher Zuwendung. Aber nicht immer bleibt im Alltag genug Zeit, um sich jedem Kind zu widmen. Dieser kleine Streichelvers heitert zwischendurch, beim Wickeln, beim Händewaschen oder beim Umkleiden auf oder tröstet, wenn ein Kind sich verletzt hat oder ängstlich ist.

Ab 6 Monaten

Ein Schneeflöckchen rieselt vom Himmel herab,
sucht sich zum Landen ’nen schönen Platz:

mit einer Hand sanft und langsam angeschwebt kommen

„Vielleicht auf diesem schönen Bauch?
Obwohl … der Arm gefällt mir auch.

auf dem Bauch kitzeln oder streicheln, dann am Arm

Oder vielleicht das Ohr, das kleine?
Oder auf eins dieser strampelnden Beine?

am Ohr kitzeln oder streicheln, dann die Beine

Ach, ich nehm’ das Näschen dort,
das ist für mich der schönste Ort.“

auf der Nase kitzeln oder streicheln

Fünf kleine Schneeflocken

Ein Fingerspiel zum Kitzeln

Ab 6 Monaten

Dieses Fingerspiel können Sie mit allen Kindern im Kreis spielen oder mit einem Kind in der Einzelsituation. Gerade bei diesem Spiel bietet es sich auch an, dass die Kinder sich zu Paaren zusammenfinden und sich das Spiel gegenseitig vorspielen – und sich am Schluss (sanft!) am Kinn kitzeln.

Fünf kleine Flocken tanzen heut im Wind,

die fünf Finger einer Hand hochhalten und damit wackeln

fünf kleine Flocken und der Winter beginnt.

kurz über die Finger pusten wie der Winterwind

Die erste landet in einer Pfütze,

den Daumen allein hochhalten

die zweite auf einer Kindermütze,

den Zeigefinger dazunehmen

die dritte will in den Garten drängen,

den Mittelfinger dazunehmen

die vierte bleibt an der Kita-Tür hängen.

den Ringfinger dazunehmen

Die fünfte und kleinste, wo ist sie denn hin?

den kleinen Finger dazunehmen

Ach sieh nur, sie landet auf deinem Kinn!

am Kinn kitzeln

Lebkuchen für Kleinstkinder

Snack-Idee für die Advents- und Winterzeit

Dürfen die Kleinsten schon Lebkuchen essen? Ab etwa 12 oder 14 Monaten können Ihre Kleinstkinder den Geschmack der Weihnachtszeit auch auf der eigenen Zunge kosten. In diesem Rezept wurde auf Zucker verzichtet. Zum Mischen eines eigenen Lebkuchengewürzes finden Sie weiter unten Tipps.

Ab 1 Jahr

Das brauchen Sie

- **200 g gemahlene Mandeln**
- **100 g Dinkelmehl**
- **½ Teelöffel Lebkuchengewürz**
- **1 Teelöffel Backpulver**
- **80 g weiche Butter oder Margarine**
- **100 g fein gehackte Datteln**
- **120 ml Milch**
- **2 Eier**

Die Datteln etwa 20 Minuten in der Milch weich werden lassen, dann mit dem Pürierstab pürieren. Mandeln, Dinkelmehl, Lebkuchengewürz und Backpulver miteinander vermischen. In einer anderen Schüssel Eier und Butter schaumig rühren. Dann alle Zutaten miteinander verrühren, sodass ein cremiger Teig entsteht. Den Teig auf ein mit Backpapier belegtes Blech geben und bei etwa 190 °C 20 bis 30 Minuten backen. Nach dem Backen auskühlen lassen und in kleine Stückchen schneiden.

Lebkuchengewürz – selbst gemischt

Selbst mischen: Das bietet den Vorteil, dass Sie echten Zimt (Ceylon-Zimt) für Ihr Gewürz verwenden und den günstigeren Cassia-Zimt, der Cumarin enthält und im Verdacht steht, in größeren Mengen krebserzeugend zu sein, weglassen können. Außerdem verzichten Sie hier auch auf Stabilisatoren und Konservierungsmittel und können Spuren von anderen Gewürzen ausschließen.

Das brauchen Sie

- **3 Teelöffel Ceylon-Zimt, gemahlen**
- **1 Teelöffel Anis, gemahlen**
- **½ Teelöffel Koriander, gemahlen**
- **¼ Teelöffel Muskat, gemahlen**
- **Teelöffel Kardamom, gemahlen**
- **Teelöffel Gewürznelken, gemahlen**

Alle Zutaten gut mischen und in ein Schraubglas füllen. Nach Wunsch können Sie auch weitere Zutaten wie gemahlene Vanilleschote, Zitronen- oder Orangenschalenabrieb oder Ingwerpulver (Vorsicht: scharf!) hinzufügen.

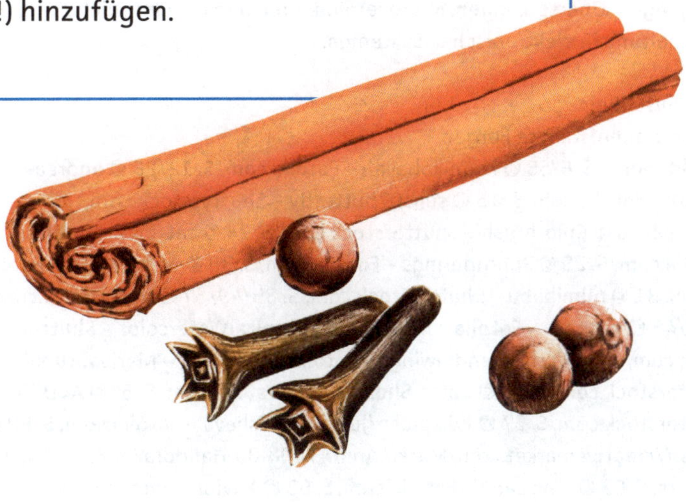

Impressum

Bibliografische Information der Deutschen Bibliothek
Die Deutsche Bibliothek verzeichnet diese Publikation in der Deutschen Nationalbibliografie; detaillierte bibliografische Daten sind im Internet über http://dnb.ddb.de abrufbar.

3. Auflage 2022

Text: Suse Klein
Illustrationen: Maryse Forget
Abbildungen: S. 6/55 © izumikobayah – Fotolia.com, S. 12/28 © andrea-petrlik – Fotolia.com, S. 15 © suns07butterfly – Shutterstock.com, S. 20/22/36 © Colorbrush – Shutterstock.com, S. 24 © cat_arch_angel – Fotolia.com, S. 25 © 3drenderings – Fotolia.com, S. 30 © wegener17 – Fotolia.com, S. 31 © mimibubu – Shutterstock.com, S. 35/49/57 © derbisheva.com, S. 38/45 © vaneeva – Fotolia.com, S. 39 © BotanicalWatercolor – Shutterstock.com, S. 43 © childrendrawings – Fotolia.com, S. 46 © MariyaStupak – Shutterstock.com, S. 48 © Catya Shok – Shutterstock.com, S. 51© AVD88 – Shutterstock.com, S. 57 © lidiapuica/Julija/derbisheva – Fotolia.com, S. 60 © https://creativemarket.com/MarkleAnn/47408-80-Handdrawn-Snowflake-Vectors, S. 62 © Jane Lane – Fotolia.com, S. 63 © Xavier – Fotolia.com

Satz & Gestaltung: Katrin Kleinschrot
Druck und Bindung: Grafisches Centrum Cuno, Calbe

ISBN 978-3-7806-5121-1